Finsternis
ist wie das Licht

Gedichte und Gedanken

Inge Weeber

1. Auflage 1996

Alle Rechte vorbehalten:
Inge Weeber, Osnabrück
Umschlagbild: Inge Weeber
Umschlaggestaltung: Foto Lichtenberg, Osnabrück
Druck und Verlag:
Gebr. Terwelp, 49661 Cloppenburg, Lange Straße 8
ISBN: 3-925019-13-8

Inhalt

Am Seeufer

Lichte Klarheit im Wasser
weitet die Tiefe zur Stille.

Fische stehen,
gleiten, atmen.
Lebendige Ruhe,
unfaßbares Leben.

Bewegungsblitz!
Ein ziehender Schwarm.

Und wieder
Stille
Klarheit
und Tiefe.

Winterlicht

Über dem Schnee
schimmert das Dunkel
in heller Winternacht.

Die Erde bewahrt
im Nachschein des Tages
das Schöpfungslicht.
Es birgt das Leben
und trägt die Weisungen
an das Morgen.

Die Sterne legen ihr Licht um uns.

Hochsommer

Schwellende Blütenpracht
leuchtet
zum Hochfest
des kreisenden Jahres.

Lastende Sonnenglut
knistert im Gras.
Die Farben der Blumen
brennen und flammen
und welken.

Pans betörende Stunde
lähmt unsern Sinn.

Unter der lodernden Hitze
verhält das Leben den Atem
und wartet
auf das lösende Grollen des Donners.

Herbst

Fülle, Klarheit und Licht -
die Weite
ruft
zur Vollendung

Unser Herz schwingt ein
in den Reigen der Wiederkehr

Liebe

Liebe ist einfach,
sie wohnt im Sein.

Sie will nichts,
sie hat nichts,
sie macht nichts,
sie ist.

Liebe schaut
die Schönheit der Rose,
die Anmut der Seele,
die Vollendung
in allem,
in jedem.

Liebe trägt alles Leben,
erträgt alle Schwäche,
läßt zu.

Durch unsere Liebe wirkt
Gott.

Noch sehen wir durch einen Spiegel
(1.Kor.13)

Liebe hört zu.
Sie empfindet
im andern
die Schönheit,
den Ursprung,
sein Ziel.

Sie lebt im Schauen
und wächst im Geben.
Im Selbstvergessen
fließt ihre Kraft.
Sie ist da -
in mir
und in dir.

Stimmen wir ein
in ihr machtvolles Lied!
Stimmen wir ein
im Tun
wie im Leiden,
im Sagen
und Schweigen.
Lassen wir zu,
was uns wandeln will
in Liebe zur Liebe.

Warten

Wenn wir
auf Gott warten,
ganz still
in unserer Mitte
einfach
nur warten -
werden wir
seine Fülle erfahren,
werden wir
sein Gefäß.

Zuspruch

Du bist einmalig -
schattiert ist deine Liebe,
farbig deine Ausstrahlung,
zusammen klingt
Leib und Seele.
Du - ureigenster Ton
der Schöpfungsharmonie.
Wo sollte da Begrenzung sein?

Geborgen

Unser Ich
auf dem Wege zu Gott
gerufen vom Licht
geleitet von der Liebe -
das ist der Mensch
in seiner Mitte
geborgen
im Blick Gottes

Ohne Absicht

Ohne Absicht
zeitlos und schön
leben
die Geschwister
Weisheit und Liebe.

Ihr Ziel ist Befreiung
ihr Weg Beglückung.
Unsere Erdgebundenheit
führt uns durch sie
zu Gott.
Wir sind
Ahnungsträger
ihrer unendlichen Vielfalt.

Nur einmal am Tag ...

Einmal am Tag
schweigen - hören - schweigen.
Dann wachsen uns zu
aus ungreiflichen Tiefen
Weisheit, Liebe und Freude.
Sie leiten uns
auf dem Weg
durch unseren Schatten
zu Gott.

Gedanken

Wandel

Die Sonne bröselt den Reif von den Zweigen.
So wandelt Dasein sich unter dem Licht.

Staunen

Die leeren Schalen offener Hände -
siehst du ihren Überfluß?

Tod

Warum sollte das Herz stocken,
wenn sich das Tor zum Licht öffnet?

Lobgesang

Lausche dem Klang des Schweigens -
dann singt dein Herz mit den Engeln.

Mut

Traue dich,
du zu sein,
laß deine Fülle ein.

Gott
will dich -
und nicht
das Bild, das du
meinst, aus dir
machen zu müssen.

Traue Gott alles zu.
Du bist als Ich
sein Du.
Geh auf ihn zu!

Neuanfang

„Im Anfang war das Wort."
Verlaß den Irrweg der Wörter
und lebe im Wort,
damit es Bild werde
in dir.

Schau auf!
Schau
auf das Wort.

Lebenswende

Ich sehe mich dabei,
das Leben festzuhalten,
jetzt, da es mir so
schnell verläuft,
da mir die altvertrauten
Freundgestalten
in steter Gegenwart
zum Tod gereift.

Wo ist denn Wirklichkeit?
Es leben die Verstorbnen
mir zeitlos nah
in Sinn und Seel,
im inneren Gespräch.
Sie stehen fern
und sind doch da
und lassen sich so wenig halten
wie alles, was das Leben prägt,
wie alle, die noch täglich walten
auf ihrem Gang durchs Heute,
durch die Zeit.

So laßt uns denn
bewußter werden
auf unserm Weg zum Tod.
Denn immer wieder
sich zu wandeln
ist not.

0 Tod! Sei du uns Tor,
durch das wir freudig schreiten,
wenn uns der Ruf trifft
- fern oder nah -
Wir treten ein in neue Weiten.
Gott,
wir sind da.

Rat

für mich selber
oder
Versuch, mit dem Jähzorn
umgehen zu lernen

Wenn du deine Wut befragst,
sagt sie: „Du bist gut."
Wenn du an dir selber nagst,
wächst noch deine Glut.

Wenn du dich auch noch so täuschst –
es bricht in dir auf.
Wenn du vor dir selbst wegläufst –
es nimmt seinen Lauf.

Deshalb: Bleib stehen!
Und versuche zu sehen,
wer du eigentlich bist.

Zieh weg alle Riegel!
Leg ab deinen Spiegel!
Laß fallen die List!

Schau achtsam nach innen,
nimm wahr das Beginnen
dessen, was ist.

Sieh einfach nur zu,
bewahre die Ruh,
denn das bist du,
die innerlich weint.

Was in dir greint
und sich nicht reimt,
ist deine Angst.

Wovor du bangst,
ist dein Gespinst,
ist dein Geschick.
Du kannst nicht zurück!

Nach vorn! - Du gewinnst!
Es wächst dir das Glück
in Fülle herbei.
Guck selbst, was es sei:

Jetzt bist du frei!

Sublimation
- Läuterung -

Loderndes Kreisen,
brennendes Sehnen
rast um die Mitte,
kämpft gegen die Sitte,
will quellendes Leben
in vielfachen Weisen.

Urkraft des Strebens
bricht in mir auf.
Sehnsucht des Lebens
nimmt ihren Lauf.

Kraft will sich einen,
in mir erscheinen,
drängt zur Enthüllung,
ersehnet Erfüllung.
Und ich nehme mich an -
die Frau und den Mann.

Ich nehme mich an
und will kosten die Loh!
Doch wann und wo
finde ich Ruh,
wenn letztlich das Du

sich mir entzieht,
die eigne Seele unerlöst flieht?

Doch ich nehme mich an!
Ich lasse die Kraft
aus dem Urquell weben
und gebe der Schöpfung
ein neues Leben
in mir.

Zu dir
läuft es fort
in jedem Wort.
In jeder Weise
singt es lockend und leise:
An des Lebens Rand
bist du erkannt.
Leere den Becher bis zur Neige!
Gib acht, was ich zeige
auf des Kelches Grund.
Fürchte dich nicht,
tu auf deinen Mund.
Erlöst wird, was spricht.
Heb es ans Licht.

Singe und klage,
dein Herz daran wage,
der Sehnsucht gib Raum.

Vor der Liebe dich neige -
höre und schweige.
Im unendlichen Traum
berühren wir Gottes Saum.

Geburtstagslied

auch sonst öfter zu singen

Singe dem Herrn dein eigenes Lied,
singe
und bring ihm dein Leben.
Lobe den Herrn, der auf dich sieht,
lob ihn,
denn er hat's gegeben.

Werden dir Bilder und Kräfte geschenkt,
singe
und gib ihnen Worte.
Lobe den, der das Leben lenkt,
lob ihn,
geh zu auf die Pforte.

Laß wachsen in dir, was sich reckt und streckt,
sieh's an,
und freu dich der Gaben.
Sieh auch an, was dich innerlich schreckt,
sieh hin!
Leb im Sein - nicht im Haben.

Sei offen für das, was geht und kommt.
Vertraue darauf, daß alles dir frommt.

Singe
und freu dich der Fülle.
Höre –
hab acht auf die Stille.
Schweige
und setze an den Pokal.
Schaue –
Dein Leben ist deine Wahl.

Liebe und singe –
lobsinge!

In der Tiefe

Meine Seele trauert
um verlorene Jahre.
Mein Herz schreit
nach der Fülle Gottes.
Wo bist du,
meine Freude?
Wohin verbirgst du dich,
meine Zuversicht?
Aus jeder Spalte
starrt Grauen,
quillt Dunkelheit
über den Glanz
meines Selbstbildes.

Licht,
brich hervor!
Ich sehe dich,
ich spüre dich.
Licht,
bitte
berühre mich!

Ich habe gelebt
vom Spiegelglanz meiner Ausstrahlung,
von der Freude in den Augen anderer.

Licht in meinem Herzen,
sei meine Mitte,
löse mich aus,
erlöse mich
aus der Gefangenschaft
meiner Selbstverurteilung.

Gib
meinen Augen die Gabe,
hinzusehen auf mich.
Gib
mir die Liebe,
mich anzunehmen,
wie ich bin.
Schenk
mir das Vertrauen,
zu sein,
wer ich bin.

Umhüllt von Dunkelheit
steh ich im Licht,
spür ich das Licht,
leb ich vom Licht.
Wer bist du, unendliches Licht?
Woher kommst du,
unendlicher Glanz?

Alltag

Heute
bin ich Beute
der Meute
meiner Gedanken.
Doch ohn alles Wanken
steh ich zu mir.
Hier.

Getrost

Ich nehme jeden Tag
in meine müden Hände
und halte ihn vor Gott:
„Sieh meine Not!"

Drauf neu zu hoffen wag
ich auf ein gutes Ende
des Erdenwegs zu Gott,
bis hin zu meinem letzten Tag.

Rückblick

Schau an, was heute war,
was tief in dir sich regte,
und überlaß es Gott.

Reich ihm zum Segnen dar,
was er dir auferlegte.
Er löst auch deine Not.

Du trägst des Herzens Bürde
im letzten still.
Tief innen wächst die Würde,
wie er es will.

Getrost! Es wird noch taugen,
was aus dir schreit.
Erwach! Öffne die Augen
für alle Hoffnung weit!

Abendgebet

Nimm hier den Tag
aus meinen offnen Händen,
nimm ihn zurück
und segne ihn.

Was auch geschehn sein mag,
du wollest senden
den freien Blick
für seinen Sinn.

Gib mir auch Kraft,
die Trauer zu ertragen
um das Verlorne,
was so lieb mir war.

Nichts ist hinweggerafft
aus unsern Erdentagen,
wenn wir als Geistgeborne
schaun - der Täuschung bar.

Ausblick

Jedes Wort ist so belastet,
jedes Bild schon so verbraucht,
was auch meine Seel ertastet,
alles wird hinweggesaugt.

Quillt der Reichtum meiner Lieder
aus den Grenzen jeder Norm,
ach, so heb den Blick ich wieder,
seh die Vielfalt neuer Form.

Namensbilder

O wären wir doch Rut,
Begleiterin auf schweren Wegen
bis hin zum Tod!
Es würde alles gut.

O wären wir doch Job,
im Hader und im dunklen Leben
doch so getrost!
Es würde alles Lob.

Wir finden ihre heilgen Bilder
tief unsern Seelen eingeprägt.
Und alle Härten werden milder

und vieles sanft, was uns bewegt,
wenn wir sie anschaun dann und wann
und sie auch leben. Nehmt sie an!

Das Buch Rut 1, 16f: „Wo du hingehst, da will ich auch hingehen;
wo du bleibst, da bleibe auch ich . . . Nur der Tod wird dich und
mich scheiden." (Rut zu Noomi (Naämi), ihrer Schwiegermutter)
Das Buch Hiob 1,21: „Der Herr hat's gegeben, der Herr hat's
genommen; der Name des Herrn sei gelobt."
Hiob 42,2: „Ich erkenne, daß du alles vermagst, und nichts, was du
dir vorgenommen hast, ist dir zu schwer." (spricht Hiob zu Gott)

Finsternis ist wie das Licht

Alles bist Du -
die Farben der Bäume
die Fülle des Saftes
das Vogellied
der Windhauch
und die Kühle des Schattens.

Alles bin ich -
aufgehoben in dein Erbarmen
versunken in deine Tiefe
geführt in meiner Dunkelheit
eins mit dir
tiefer als die tiefste Tiefe meiner Seele.

Dort, wo das Dunkel
mich aufnimmt,
umfängt mich dein Licht.
In dir, Gott,
ist Finsternis wie das Licht!

Ich-Werdung
Ein Lehrstück

Suchst du nach dem Lebenssinn,
so blick ehrlich auf dich hin.
Denn zu spüren und zu leben,
wo wir sind in unserm Streben,
wer wir sind in unserm Sein,
macht uns groß, nicht etwa klein.

Gibt uns Gott so viele Gaben,
dürfen wir darin auch haben,
tiefe Freude, großes Glück.
Darum richte fest den Blick,
auf dein Dunkel, auf das Helle,
selbst den Makel einer Stelle.

Nichts vor Gott und dir verhehle,
sieh den Reichtum deiner Seele.
Gut und Böse sind oft Seiten,
über die sich Leute streiten,
die im Haben und nach Sollen
ihren Weg ausrichten wollen.

Laß sie suchen
und verbuchen,
laß sie scheinen,
laß sie greinen.
Denn sie drehen sich im Kreise
und vermeinen, das sei weise.

Spür du einfach, wer du bist.
Gib dich Gott, der längst schon ist
seit dem Ursprung aller Zeit
Schöpfer deiner Wesenheit.

Psalm 139,14
Ich danke dir, daß du mich so wunderbar gestaltet hast.

Ewigkeit

Ewigkeit beginnt
in der Hoffnung
des Anfangs,
Seligkeit
im Annehmen
meiner Besonderheit.
Ich bin
- im Leiden wie im Glück -
ein Gedanke Gottes.

Liebevoll schauen

Liebevoll schauen,
achtsam vertrauen,
wägen, nicht werten
löset die Härten,
weckt tief im Herzen
Liebe, die strömt.

Innehalten

Innehalten
aufhorchen
der Stille lauschen

beharrlich
schweigen
warten

und in uns erwachen
ungesungene Lieder

Im Gleichmaß

Schweigen und hören
schwingen und ruhn
im Fließen des Atems
horch in dein Herz

Die Stimme ist leise
die Kraft unerschöpflich
vertraue dem Strom
vertraue dem Ruf

er führt zu dir selbst
dich zu dir

Und immer wieder ...

Und immer wieder
kehr ein in die Stille
auf einfachem Weg.

Im Wechsel des Atems
entgleiten die Ängste
und Friede kehrt ein.

Die strömende Ruhe
gibt Leben in Fülle
und öffnet das Herz.

Folg deinem Atem,
schwing ein
in den Gleichklang,

sein Wechsel,
sein Gleiten
führt dich zu dir.

Lebensspur

Morgens - Hoffnung und Aufbruch
am Tage - Gestaltung in Vielfalt
abends - Ruhe und Ausklang

So spannt sich der Bogen
des Tags - deiner Jahre

Folge der Spur deines Lebens
aufmerksam
achtsam
bewußt

Den Höhen und Tiefen
gib Raum
und laß der Zeit
ihren Lauf

Du ruhe im Jetzt

Erspür, was sich wandelt
in dir
lausche
dem Klang deines Selbst

So berührt dein Herz
die Unendlichkeit

Heilige Worte

Heilig sind Worte,
die wie ein Gongschlag
im Herzen nachschwingen.

Lausch ihnen, warte,
was aus dem Singen
dir zuwachsen mag.

Heilend – verwundend –
mit wechselndem Klang
berührt dich das Leben
in seinem Gesang.

Verwandelnd betroffen
hör zu, werde neu.
Für alles sei offen,
nimm's an,
sag: „Es sei."